走遍世界
很简单

ZOUBIAN SHIJIE HENJIANDAN

印度大探秘

YINDU DATANMI

知识达人 编著

成都地图出版社

图书在版编目（CIP）数据

印度大探秘 / 知识达人编著 . — 成都 : 成都地图
出版社 , 2017.1（2022.5 重印）
（走遍世界很简单）
ISBN 978-7-5557-0294-8

Ⅰ . ①印… Ⅱ . ①知… Ⅲ . ①印度—概况 Ⅳ .
① K935.1

中国版本图书馆 CIP 数据核字 (2016) 第 094448 号

走遍世界很简单——印度大探秘

责任编辑：吴朝香
封面设计：纸上魔方

出版发行：成都地图出版社
地　　址：成都市龙泉驿区建设路 2 号
邮政编码：610100
电　　话：028 - 84884826（营销部）
传　　真：028 - 84884820

印　　刷：三河市人民印务有限公司
（如发现印装质量问题，影响阅读，请与印刷厂商联系调换）

开　　本	710mm × 1000mm　1/16		
印　　张	8	字　　数	160 千字
版　　次	2017 年 1 月第 1 版	印　　次	2022 年 5 月第 5 次印刷
书　　号	ISBN 978-7-5557-0294-8		
定　　价	38.00 元		

前　言

　　美丽的大千世界带给我们无限精彩的同时，也让我们产生很多疑问：世界上到底有多少个国家？美国到底在什么地方？为什么奥地利有那么多知名的音乐家？为什么丹麦被称为"童话之乡"？……相信这些问题经常会萦绕在小读者的脑海中。

　　为了解答这些问题，我们精心编写了这套《走遍世界很简单》系列丛书，里面包含了世界各国丰富的自然、地理、历史以及人文等社会科学知识，充满了趣味性和可读性，力求让小读者掌握最全面、最准确的知识。

　　本系列丛书人物对话生动有趣，文字浅显易懂，并配有精美的插图，是一套能开拓孩子视野、帮助孩子增长知识的丛书。现在，就让我们打开这套丛书，开始奇特的环球旅行吧！

大胡子叔叔

詹姆斯·肖，美国人，是位不折不扣的旅行家和探险家，足迹遍布世界各地。因为有着与肯德基爷爷一样浓密的胡子，所以被孩子们亲切地称为"大胡子叔叔"。

吉米

10岁的美国男孩，跟随在大使馆工作的父母居住在中国，是大胡子叔叔的亲侄子。他活泼好动，古灵精怪，对世界充满好奇。

映真

11岁的韩国男孩，他汉语说得不好，但英语说得很流利。他性格沉稳，遇事临危不乱。

花花

10岁的中国女孩，有一点点任性和霸道。她的父母与映真的父母是很要好的朋友。

目录

引言

　　"映真，站住！吃俺老孙一棒！"吉米挥舞着扫帚在客厅里蹦蹦跳跳，被追得上气不接下气的映真跳上了沙发，连连摆手："不玩了不玩了，吉米，我投降了。"

　　"在干什么？小伙子们。"大胡子叔叔笑呵呵地推开屋门，玩兴正浓的吉米

一个箭步跳到叔叔面前："何方妖怪，报上名来！"

"大胡子叔叔，你别理他，他看《西游记》着魔了，总以为自己是孙悟空。"花花细声细气地说，她没有加入男孩子们的"战斗"，一直安静地坐在一旁看画报。

大胡子叔叔笑着搂住吉米："想当孙悟空？好啊，我们去西天取经吧。"

"啊？去西天？"映真和花花一下子跳了起来，最兴奋的还是吉米，他不停地摇着大胡子叔叔的手："真的吗？真的吗？"

大胡子叔叔指向世界地图的南亚位置："孩子们，你们看，这个横跨南亚次大陆的地方，就是我们要去的印度，古时

候那里叫作天竺，也就是唐僧西天取经的地方。印度是个很神秘的国家，是世界四大文明古国之一呢。"

花花入神地用小手描摹着地图："哇，印度的形状好像电视上穿着纱纱跳肚皮舞的姐姐呀！"

"呵呵，你说的纱纱叫作纱丽，是印度的一种漂亮服饰呢。"大胡子叔叔笑着解释。

"让我们出发吧！"吉米穿上外套大声喊。

映真皱起眉毛："吉米，你总是沉不住气，像个毛猴子！"

"你就是个小老头！"吉米冲映真做个鬼脸，他俩有机会总不忘吵几句。

"别着急，孩子们，咱们三天后出发，1月25日晚上8点的飞机。"大胡子叔叔笑着说，心里开始盘算起这三天需要采购的旅行必需品。

托运行李时，花花注意到大胡子叔叔携带了一大包卫生纸，非常好奇："我们为什么带这么多纸呢？印度没有吗？"

吉米和映真的注意力也被吸引过来，大胡子叔叔清清嗓子，说："因为在印度，人们大小便一般都不用纸。"

"啊！"孩子们惊呼，对这个未知的国度更加好奇。

近8小时的航程，大胡子叔叔一直靠在椅背上闭目养神，映真和花花

小声讨论着一本漫画书，吉米却一反常态，安静地盯着窗外，但时而挑眉，时而微笑，时而咬牙的面部动作暴露出他内心活动很激烈，似乎沉浸在幻想世界中。他真把自己当成孙悟空了吧！

航班抵达新德里正是凌晨1点45分，三个孩子的眼皮全部耷拉下来，迷迷糊糊地跟着大胡子叔叔进入酒店。

"快睡吧，小瞌睡虫们。"大胡子叔叔挨个摸了摸孩子们的脑袋，吉米勉强睁开眼睛："还有俩小时就到凌晨6点了，我不睡。"

大胡子叔叔哈哈大笑："宝贝，你忘了计算时差了，印度比北京晚了两个半小时，现在才凌晨2点哟！"

"My God！"孩子们齐声大叫，拉上薄被，很快进入了梦乡。

第1章　国庆大阅兵

　　吉米是被窗外的喧闹声吵醒的，他睁开眼，发现映真、花花和大胡子叔叔早已穿戴整齐了。

"什么声音？好吵哦！"吉米一边穿衣服一边问。

"因为今天是印度的国庆节呀，"大胡子叔叔笑着说，"现在，在国王大道上正准备举行阅兵和游行活动呢！"

"时间不早了，孩子们，我们出发吧！"大胡子叔叔边说边站了起来。

"走喽！"孩子们欢呼着，簇拥着大胡子叔叔上了出租车。

一路上，孩子们好奇地扒着车窗向外看，嘴里不时发出惊叹声："哇，好多人啊！"只见街道上张灯结彩，人潮涌动，非常热闹。

国王大道很快到了，路的尽头设置了围栏，路两旁摆着铁制的连椅，围栏的入口处有许多人在排队，大胡子叔叔也挤了

过去。原来，印度的阅兵式和其他国家不同，观看阅兵式需要买票才能进去。

"阅兵式还要收费呀？"花花惊讶地问道。

"世界之大，无奇不有，我们要入乡随谷嘛。"映真挺挺胸脯，满不在意地说。

"映真，是入乡随俗，你又说错成语喽！"孩子们抬起头，看见大胡子叔叔正扬着四张票冲他们招手，映真不好意思地吐了吐舌头。大家随着人群排队检票，进入了国王大道。

每年的大阅兵从上一年的十二月份就开始售票了，由于大胡子叔叔买票的时间晚，只买到了中间的座位。看着前面黑压

压的人头，花花

失望得快哭了，说

什么也不肯坐下，噘着

小嘴儿生闷气。映真和大胡子叔叔怎么劝都无济于事，一向没什么耐心的吉米忍不住冲花花吼了起来："花花！你这个娇气鬼！女孩子就是麻烦！"花花"哇"地一声大哭起来，这时，一位印度大叔走到花花面前，用流利的英语安慰她："美丽的小公主，欢迎你们来参加今天的盛典，我们不会让客人失望，快跟我来吧！"

原来，这位大叔是维持秩序的工作人员，花花他们在一群当地人中特别显眼，早就引起了他的注意。他似乎格外喜欢花花，抱起破涕为笑的花花，把大胡子叔叔、吉米和映真领到了最前排，映真和吉米高兴极了。

上午10点整，阅兵式正式开始了。

"武器！还有战机！"吉米是军事迷，看到率先出场的武器装备方队，激动地张大嘴巴，紧紧握起拳头。

各种武器缓缓地自他们眼前巡游而过：有"大地""烈火"系列导弹、"通古斯卡"防空系统、"布拉莫斯"超音速巡航导弹，还有国产的阿琼主战坦克……

天上飞过的战机中，不仅有英国的"美洲虎"、法国的"幻影"，就连俄罗斯制造的"米格"也位列其中，简直是个国际军展！映真和吉米看傻了眼。

更让他们惊讶的还在后面，一群打扮华丽的骆驼悠闲地走了过来，背上坐着骑兵，齐刷刷地举着崭新的步枪，阳光下，锃亮的刀尖闪闪发亮，煞是好看。

骆驼方队后面，一队摩托车呼啸而来，仔细看去，这些摩托车整齐地排成方队，上面居然叠罗汉似的站了一群人！站在罗汉阵较高处的人手挽着手，使整个摩托车方队连成一个整体，好似结了一张巨大的蜘蛛网！士兵们在摩托车上表演着不同的造型，一会儿大鹏展翅，一会儿弯弓射日。其中，蜜蜂人特技组的表演，配合着蜜蜂装和逼真的"嗡嗡"声，更让人赞叹不已！三个孩子随人群站起来大声叫好鼓掌，拍得手掌都红了。

走在队伍最后面的是军车，车体上绘制了五颜六色的图案，车身上扎满了鲜花和彩带，缤纷炫丽，节日气氛浓郁。花车走走停停，每次停下来时，都会由车顶的撒花人撒出一些飘香的花瓣，观众席上的人们纷纷站起来大声欢呼，希望这象征好运的花瓣能够落到自己身上。

恰巧一瓣香花随风落在花花鼻尖上，花花赶忙捉住它，珍重地把它放在自己贴身的衣兜里。

吉米一个劲儿地说："太热闹了！太棒了！尤其是摩托车那一组，简直就是特技大阅兵嘛！"

阅兵结束，孩子们仍沉浸在欢乐的气氛中，不愿离开。

"走了小猴子们，咱们坐火车去阿格拉，去看泰姬陵。"大胡子叔叔催促着。

第2章　动物的城市

走在新德里的街道上，孩子们惊奇地发现，街道上除了车辆和行人外，还有很多动物。小狗三五成群地觅食，猴子抓耳挠腮地蹦来跳去，猪、牛、骆驼等大家伙也随处可见。看它

们悠闲的样子，似乎把车水马龙的大街当成了自家后院。

　　"为什么印度的动物可以自由地在大街上走来走去？和人类生活在一起，不会很不方便吗？"不同于吉米和花花的兴奋，映真若有所思地问大胡子叔叔。

　　"映真，你观察一下再告诉叔叔，你说的不方便，是动物不方便，还是人类不方便呢？"大胡子叔叔微笑着反问。

　　这时他们走到一个十字路口，绿灯亮着，路口的车辆却挤在一起，无人通行，也无人按喇叭催促，孩子们好奇地凑了过去，忍不住大笑起来。

　　原来，在路口的位置，两头黄牛抵着犄角，互不相让，对旁边挥舞木棒的交警置之不理，交警反而像是在给它们助威。被堵在路

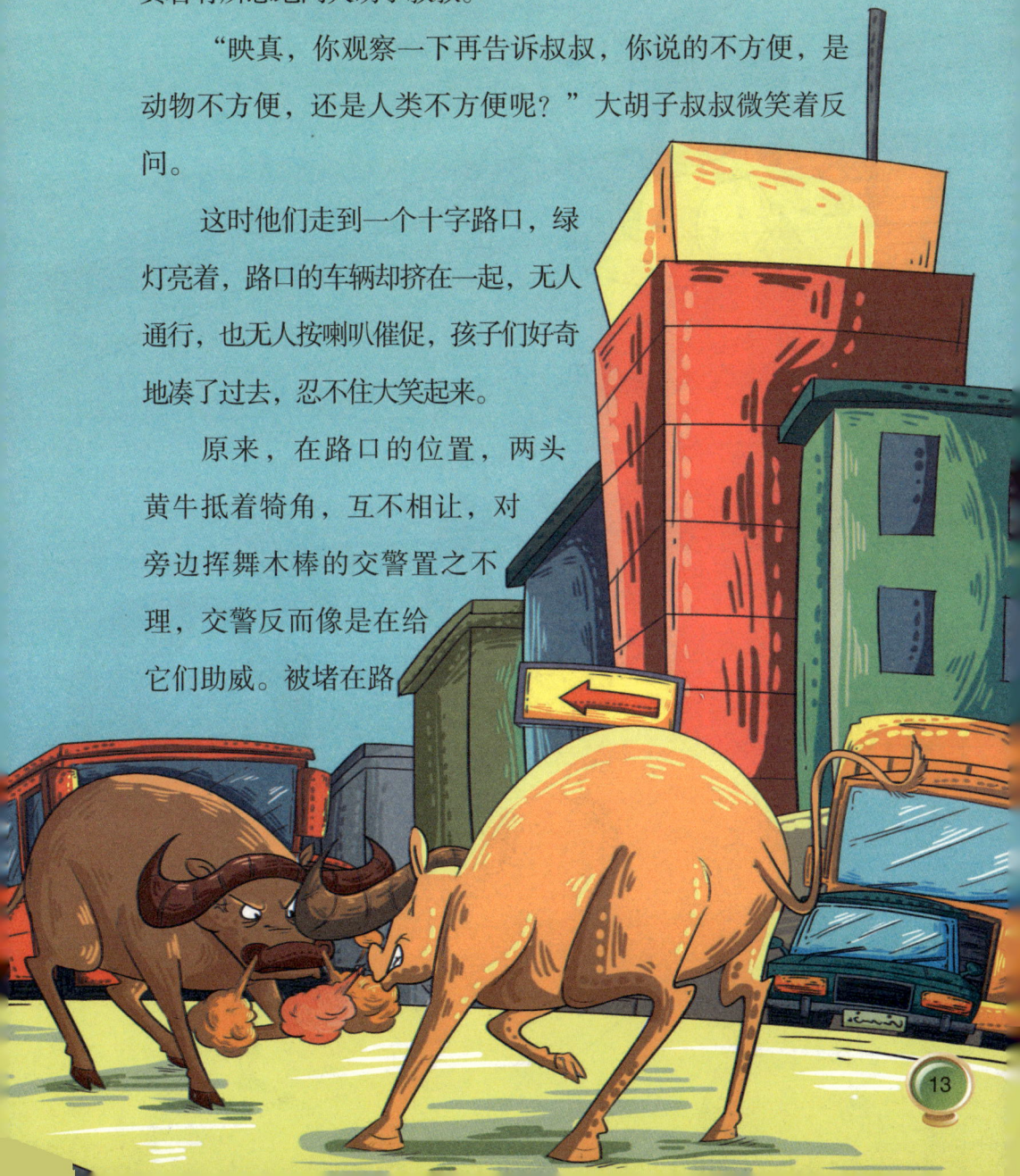

口的车辆中，居然没有一个人着急，大家对这种景象似乎司空见惯，有的司机甚至在驾驶座上打起了呼噜。

花花感觉有点饿，从背包里拿出一个面包，刚刚撕开包装，突然，不知从哪里伸出一只毛茸茸的手，一把抢走了面包！花花吓了一跳，回头一看，一只猴子举着面包爬上了树，它抱着自己的战利品，狠狠地咬了一大口，还龇牙冲花花扮个鬼脸，似乎在说"真香啊"，一点儿也没有身为"强盗"的羞愧。

"好酷！"吉米大声说，花花也被逗笑了，映真苦恼地对大胡子叔叔说："叔叔，我也说不清到底是人不方便，还是动物不方便了。"

"映真，你总是想得太多，我觉得无论是人还是动物，都很快乐很自在啊，谁会去想方便不方便的问题呀！"吉米觉得映真想得太多都顾不上玩了。

大胡子叔叔赞许地看了吉米一眼："吉米说得对，在印度，人和动物相处得非常愉快，许多人家在用餐后，都会特意留出一份食物，用来饲喂路边的猫狗或牛等动物。在印度，流传着这样一个说法：路边的动物吃了谁家的食物，就会给那一家带来好运。"

"我觉得街上的黄牛特别多，比狗狗还要多，这些牛都是没人养的吗？"细心的花花提出了问题，她觉得成群的狗出没还可以理解，但黄牛成群就太不寻常了，谁家会遗弃这么大的动物啊。

大胡子叔叔微微一笑，解释说："这是因为，对印度人来说，黄牛是神圣的动物，人们可以挤它的奶食用，也可以借用它的力气干一些粗活，但绝对不能杀掉它们！据估计，新德里每天在街道上闲逛的牛有3万多头呢！

　　"这些大家伙绝大多数是有主人的。花花，你注意看，它们的后腰上都烙着不同的字母标记，这个标记就表明了它们的归属。可很多农场主不愿意搭建规范的牛棚，就采取放养的方式，任自家的牛在大街上游荡，随处觅食。在一些比较狭窄的街道，比如双向车道，经常出现停靠在路边的车辆和牛群各自占用一条车道的情形，想通过的车辆只好跟在牛群后面慢慢挪动。

"新德里有一条规定：夜间禁止车辆在市区使用远光灯。这个规定就是为了不惊扰动物朋友休息。晚上出门要格外注意，尤其是开车出行，更要加倍小心。往往车开近了，才发现有一个巨大的黑影挡路，仔细看看才会发现，一头牛正卧在马路中间酣睡哩！"

孩子们专注地听着大胡子叔叔的讲述，他们都觉得，在印度人民的爱护和尊重下，各种动物生活得自由自在，更像是这座城市真正的主人呢！

牛颜之国

在印度，牛的数量很多，远远超出其他国家。要评选世界上牛最多的国家，印度非常有竞争优势！在马路上，行人和汽车对牛礼让有加，不管牛的动作多么缓慢，都要等它过了马路后才能通行；如果牛横卧在马路中间不走，行人和汽车就要自觉绕行。印度有专门禁止杀牛的法律，即使一些人出于经济原因会把老牛抛弃，放逐到野外，但老牛们不会受到任何伤害，反而会得到人们的精心照顾。

因为牛是印度国徽上四种动物之一，印度的版图又像一个牛头，所以印度又被人们称为"牛颜之国"。

第3章 泰姬陵的秘密

　　到达泰姬陵已是下午5点，孩子们来不及说话，就被眼前的美景震撼了：日光照耀，纯白的泰姬陵静静地矗立在蓝天白云下，微风拂过，映在水面上的倒影轻轻浮动，显得更加洁白晶莹，玲珑剔透。

　　孩子们如醉如痴地跟随大胡子叔叔穿过古树参天的前庭院，进入占地面积最大的后庭院。陵园就建在后庭院里。陵园形状很规

则，是一个长方形，四周被一道红砂石墙围绕。

陵园正中央，泰姬陵墓坐落在一块凸起的大理石平台上，整个泰姬陵由无数浅色大理石搭建而成，大理石的表面镶嵌着成千上万的美丽宝石，在阳光下显得耀眼夺目；陵墓上的黑色文字是用黑色大理石镶嵌而成的，围栏用雕花的大理石制成，阳光播洒其上，投下变幻纷呈的影子。在泰姬陵的东侧和西侧，分别建有两座式样相同的建筑，对称均衡，左右呼应，它们是清真寺和答辩厅。

长方形陵园的四个角上，分别建有1座高约40米的尖塔，如同泰姬陵的守护神，安然矗立。

大门与陵墓之间，由一条宽阔笔直的甬道相连接，甬道全

部用红石铺成，左右对称，布局工整。两边是人行道，在人行道中间，有一个"十"字形的喷泉水池，喷水池中有一排排喷嘴，不知疲倦地喷吐着清澈的水柱。喷出的水柱交叉错落，在阳光的映照下，形成一道道闪烁的彩虹。

游客很多，纷纷赞叹着这座建筑独特的美丽和神秘，自觉放缓脚步，悄声说话，生怕破坏整个庭院的端庄静谧。

花花轻轻拽了拽大胡子叔叔的衣服，生怕吵醒墓中的泰姬似的，小小声地问："泰姬是一位公主吗？"大胡子叔叔摇摇头，告诉花花："泰姬是一位皇后，她的名字叫泰姬·玛哈尔。在印度古代的莫卧儿王朝，有一位叫沙·贾汗的皇帝，泰姬就是他的妻子。玛哈尔嫁给沙·贾汗二十多年，两人的感情特别好，可惜玛哈尔只活了三十多岁，她临死前告诉沙·贾汗，她希望长眠在一座美丽的陵墓里。

"为了完成爱妻的遗愿，沙·贾汗亲自设计了这座陵墓。经过二十多年，动用了数以万计的工人，耗费无数金钱，终于建成了泰姬陵。现在，泰姬陵已成为印度的象征，位列世界七大建筑奇迹之一。从国家的角度看，他可能不是体恤子民的好皇帝；但从家庭的角度看，他重视自己的承诺，是一个说话算数的好丈夫。"

"哦，原来看一件事情要分开来，从不同方面来看才看得全面。"映真恍然大悟地点点头。

吉米注意到，在庭院西侧，有一座暗红色的、精致的小楼，有很多游客往那边走去，他问："那是什么地方呢？"

"那是泰姬博物馆，小朋友一定要去看看哟。"旁边一位欧洲观光客用流利的英语回答。大胡子叔叔冲着同胞比出"OK"的手势，便带着孩子们随着人流向博物馆走去。

博物馆果然名不虚传，里面展示了一些泰姬陵原始建筑的设计图及细密的画图，还有一种青瓷釉盘

21

子，一沾到有毒的食物就会裂开或变色。孩子们一边观赏一边啧啧赞叹着古代宫廷生活的奢华和谨慎。

太阳慢慢西沉，满园游客却没有离开的意思，三三两两地站在原地，好像在等待着什么。

"泰姬陵有一个秘密，我们也等一会儿吧。"大胡子叔叔神秘地说。

孩子们不愿意了："什么秘密？快说！快说啊！"一齐扑到大胡子叔叔的身上，焦急地问。

"嘘，快看！"

随着夕阳西下，白色的泰姬陵在晚霞的映

照下，逐渐变成灰黄色，又变成金黄色；天色越来越暗了，她又逐渐变成粉红色、暗红色、淡青色；随着月亮冉冉升起，泰姬陵最终成了银白色。据说，朗月当空的夜晚，泰姬陵还会呈现出淡淡的紫色呢！

　　昼夜交替中，泰姬陵犹如一位风姿绰约的仙子，变幻出万种风情。朦胧月色下，她显得格外高雅别致，清丽出尘。

　　孩子们看傻了眼，尤其是花花，居然被美景感动得流下了泪水。大胡子叔叔笑着抱起花花，打趣说："泰戈尔形容泰姬陵是'挂在时光脸颊上的一颗泪珠'，我看呀，泰姬陵是挂在我们花花脸颊上的一串泪珠！走吧，叔叔带你们去品尝印度大餐！"

　　"耶！早就饿了！"孩子们回过神来，快乐地向门口冲去。

第4章　恐怖的"便便饭"

　　大胡子叔叔带着孩子们来到一家规模较大的饭店，吉米的肚子早就饿得咕咕乱叫，屁股还没坐稳就迫不及待地招呼侍者点餐。本以为在英语普及的国度，点个餐应该没问题，可吉米和映真却被侍者那一口印式英语难住了。

最可气的是，侍者对吉米纯正的美式英语不屑一顾，一副我的语言才最标准的神态！吉米向大胡子叔叔求助，大胡子叔叔笑着接过菜单，熟练地勾画起来。

"好奇怪的香味呀，馋死我了！"花花贪婪地吸着一股飘来的香气，可怜兮兮地说。

"这是咖喱香。"大胡子叔叔趁机给孩子们上了一堂美食课，"印度的咖喱最正宗，以多种香料调配而成。香料的调配很有秘诀，如何组合，按照什么样的次序烹煮，都大有讲究，烹饪技巧反而退居其次。印度几乎每一个家庭的厨房，都有许多香料。印度菜的口感厚重，味道独特，秘诀就在于它多种多

样的调料，每道菜的调料都不下10种呢！"

"叔叔，别说了，我的口水都要流下来了。"吉米夸张地捧着肚子。

"你的口水可以流了，吉米，菜来了。"映真一本正经地说。

首先上来的是放在同一个托盘里的一组食物。"你们怎么不吃呀？"大胡子叔叔笑呵呵地看着目瞪口呆的孩子们。

吉米努力咽了一口唾沫，好不容易找回声音："这……这就是你说的印度菜？红糊糊、绿糊糊、白糊糊，还有这个……上帝！"他指着一碗

黏稠、土黄色的糊状物，做出一副要吐的表情，"叔叔，这碗东西好恶心哦，简直就是一碗便便饭！我才不要吃！"

大胡子叔叔哈哈大笑起来："孩子们，拿出你们的勇气来！跟我学！记住，只能用右手哦！"大胡子叔叔用手指撕下面饼，蘸着绿糊糊送入口中，又把吉米所说的"便便饭"倒了一些在米饭里，右手伸进去搅了搅，手指抓着送进嘴里，吃得津津有味。映真东看看，西看看，发现周围用餐的人和大胡子叔叔的吃法基本一致，脸上一副满足的表情。于是，他大着胆子，也依样吃了起来。

"好吃，好吃！"映真一边吃一边招呼着还不敢动手的吉

米和花花，两个人小心翼翼尝了一点后，也加入了狼吞虎咽的行列。

接下来上的菜模样还算正常：烤得焦黄又隐隐透出红色的烤鸡，味道喷香独特；糯米球状的甜品，甜得夸张腻人；印度名菜牛油黄豆，香浓滑嫩。

最受大家欢迎的要属酸奶了。映真喜欢喝咸味酸奶，觉得与众不同；花花喜欢芒果酸奶，可以在里面吃到新鲜果肉；大胡子叔叔和吉米则钟情于原味酸奶的醇厚口感。

临出门时，服务员微笑着递给他们一袋红、绿相间的小球，孩子们好奇地抓了一把放进嘴里，感觉像糖豆一样甜甜的，还有一种特殊的香气。原来，印度菜由许多辛辣调料制成，吃完后嘴里会有味道，这个小球的作用类似于口香糖，吃了它后，味道就会慢慢消失。

阿格拉的夜晚非常热闹，路两旁有许多水果摊、油炸食品摊。印度人对油炸食品情有独钟，走到哪里都能闻到油香气。街头有许多甜品店，甜点五颜六色，十分艳丽。有些小饭摊的旁边还支着一口大锅，锅里煮着热气腾腾的牛奶，结着厚厚的奶皮子，香极了！

用左手要小心

在印度，稍加留意就会发现，印度人进餐、买东西，都用右手，如果外地人不小心用左手和他们打交道，他们会觉得受到了极大的侮辱。这是因为印度人认为左手是不洁的，左手对于他们的作用是：洗屁股！原来，印度人很少用到刀叉、筷子和草纸。吃饭时，他们把食物用右手五指抓匀后送入口中；而大便完毕，则用左手撩起水来冲洗干净。所以，印度的卫生用品特别贵，去当地旅游的人一定要自备卫生用品。

印度人对某一件事发表意见时，也不同于我们平时的习惯，他们用点头表示否认，用摇头表示同意。

第5章　邂逅"神仙爷爷"

"大胡子叔叔，咱们明天要去哪里？"回到酒店，玩了一整天的孩子们意犹未尽，缠着大胡子叔叔问来问去，大胡子叔叔困得眼皮快要抬不起来了："咱们明天去瑞诗凯诗。"说完，大胡子

叔叔赶紧缩进被窝。

　　吉米怔了一下，不依不饶地掀开被子："瑞诗凯诗有什么好玩的，快给我们讲讲嘛！"

　　正在看地图的映真抬起头："这个地方看起来很小呢。"

　　"没错，瑞诗凯诗只是一个小镇。"大胡子叔叔强打起精神，他发现他没法和孩子们旺盛的精力和求知欲对抗，如果不说清楚的话今晚就别想睡了。

　　"可那里的自然条件得天独厚，它依偎在喜马拉雅山下，怀抱着著名的恒河源头。它还是印度的瑜伽圣地，开设着几百所瑜伽学院，每年都有大批瑜伽爱好者去那里朝圣呢。"

　　"瑜伽？我从电视上见过，可以把身体任意扭来扭去，很神奇哦！"花花兴奋地说。

　　"嗯，神奇不神奇，你们明天就知道了，现在可以放过叔

叔了吧？"大胡子叔叔闭上眼睛，不久就发出均匀的鼾声。三个孩子也躺下了，却全无睡意，低声讨论着今天的见闻，不知不觉地进入了梦乡。

第二天一大早，孩子们就迫不及待地爬了起来，拉着睡眼惺忪的大胡子叔叔出发了。他们乘汽车去瑞诗凯诗，路程并不远，却走了7个多小时。

开始孩子们还很新鲜地欣赏窗外的风景，渐渐地，车驶入蜿蜒崎岖的山路，路越来越不好走，花花坚持不住了："大胡子叔叔，我快难受死了，什么时候到啊？"

"再坚持一会儿，没事的。"映真和吉米也被颠得很难受，但都打起精神来安慰花花。

"哇，这里的天空好蓝！像是透明的！"车一到站，花花顿时忘记旅途的不适，惊叹起来。

　　"街道好干净！"吉米觉得很意外，有了新德里和阿格拉杂乱的印象，他没想到瑞诗凯诗如此清爽宁静。

　　"这就是恒河吗？"映真深深地吸了一口气，激动地指着把小镇一分为二的清澈河流。

　　"呵呵，是啊，这就是著名的恒河，印度人民心中的'圣河''母亲河'。它发源于喜马拉雅山系。印度人相信，恒河水可以洗去生生世世的罪业，因此，每个印度人在一生之中，至少要到这条河里洗一次澡呢！"大胡子叔叔笑着给孩子们讲解。

　　这时，迎面走过来一位行人，双手合十，冲大胡子叔叔微

微躬了躬身子，大胡子叔叔也赶紧双手合十还礼。吉米、花花和映真瞪大了眼睛，四下张望，惊奇地发现无论是对外来的游客还是本地居民，大家碰面时都会双手合十行礼。

原来，在瑞诗凯诗，这是人们见面打招呼常用的礼节。

瑞诗凯诗没有大型的车辆通行，小镇女人身穿绚丽的纱丽，和新德里等大城市没什么区别；可小镇男人就不同了，除了僧侣和外来游客外，他们清一色穿着白色衣服，没有任何杂色，衬着小镇如诗如画的风景，似乎不是凡尘中人。

"大胡子叔叔，咱们是不是到了《西游记》里的西天了呀？"吉米看着随处可见的打坐的修行者，疑惑地问。映真这一次没有反驳吉米的西游梦，他也觉得这里的一切都特别像人间仙境。

花花蹲在一位打坐的老者面前，看着老人雪白的、长到腰间的胡须出神。大胡子叔叔把手放在嘴唇边比了个"嘘"的手势，拉起花花的手示意她离开，没想到老人突然睁开眼睛，冲花花笑了笑。

　　"啊，神仙爷爷，您醒了。"花花也笑了。

　　大胡子叔叔没想到花花突然蹦出来这样一句，眼里充满歉意地看着老人，生怕他生花花的气。

　　老人却一点儿也没有生气的意思，和蔼地摸摸花花的头："欢迎来到瑞诗凯诗，这里是离神仙最近的地方，不过，我可不是神仙哟。"

　　"老爷爷，您的胡子这么长，就算

不是神仙，也和神仙差不多了！"吉米看老人很和蔼，胆子大了起来。老人被逗得呵呵大笑，大胡子叔叔也笑了起来。

老人名叫卡比尔，与印度14世纪一位著名的圣者同名，今年已88岁，能说一口流利的英语和汉语。他非常喜爱三个孩子，愿意暂时充当他们的向导。孩子们高兴极了，一口一个"神仙爷爷"不愿改口，大胡子叔叔和卡比尔老人也就任由他们去了。

素食之城

受全民修行瑜伽的影响，瑞诗凯诗成为典型的素食之城。在这里，无论是最奢华的酒店还是街头摊贩的餐桌，全都不见一丝荤腥。素食，并不意味着瑞诗凯诗人和美味绝缘，在各种香料的调味下，印度素餐的味道非常香浓，色彩明丽，色香味俱佳。

印度社会等级分明。有趣的是，社会阶层越高的人，越以素食为主，社会阶层越低下，人们反而多食荤腥。严格的素食主义者连牛奶和鸡蛋都一点不碰。

第6章　神奇的瑜伽

　　"咦，那里有好多'馒头'！"吉米惊讶地说。他们已经来到瑜伽学院的聚集地，吉米所说的"馒头"长在半山腰的绿色灌木丛中，一个连着一个，"馒头"上有门，门的前面还有平台。

　　"那不是馒头，是瑜伽修行者居住的

穹庐。"卡比尔老人笑吟吟地说。

"哇，一棵树！"花花指着穹庐前一个正在做瑜伽体位练习的修行者，惊叹道。

只见修行者单腿独立，两臂高举过头顶，双手合十，身体直立挺拔，一袭白衣，与周围的绿色树木相映成趣，真像一棵白色的树！卡比尔老人告诉孩子们，这个姿势正是瑜伽的"树式"。

再往前走，又看见了许多不同体位的修

行者，卡比尔老人一一为孩子们讲解，有"乌龟式""猫式""弓式""直立前弯式""纠式"等等。孩子们兴致勃勃地看着、听着，花花最喜欢优雅的"猫式"，她还在卡比尔老人的帮助和指导下试着做了一下。

"咔嚓"一声，大胡子叔叔摁下快门，可爱的"小花猫"定格了。

"不仔细看，还以为这些修行者是大自然的一部分呢！"映真说着自己的感受。

"对，"卡比尔老人对映真的观察力很赞赏，"源于自然，融入自然，这正是瑜伽的真谛。"

"那瑜伽到底是什么呢？是一种体操吗？"花花问。

"体位法只是瑜伽肉体方面的表现形式，实际上，瑜伽是一门哲学，它由冥想和体位法组成。"看到外国孩子对瑜伽这么感兴趣，卡比尔老人高兴极了，讲起了瑜伽的来历。

"瑜伽起源于印度，距今已经有5000多年的历史了。瑜伽一词源于梵文音译，是结合、联合、统一的意思，它是古印度文明

在艺术、哲学、医学领域的奇迹。
瑜伽集文化、
艺术、哲学、
医学为一体，这种运动方式已经成为世界
文明的瑰宝。"

　　"好神奇呀！"花花崇拜地看着几乎与大自然融为一体
的修行者们，感叹地说。

　　"听，好多人在唱歌！"吉米把手立在耳朵后面，聚精
会神地找寻声音的来源，"还有钟声！"

　　卡比尔老人抬头看了看太阳说："朝拜湿婆神的仪式开
始了。"大胡子叔叔低头看看手表：下午四点整。

　　"神仙爷爷，这是什么活动呀？湿婆神是谁？"孩子们
觉得瑞诗凯诗小镇处处散发着神秘的气氛，未知的秘密接踵而
至，让他们有点应接不暇。

　　　　　　　　"去恒河边吧，这是每天早、
　　　　　　　　晚两次举行的仪式。"卡比尔老人

带头往恒河边走去。

　　"湿婆是传说中瑜伽创造者的至尊，也是宇宙的破坏神和创造神。"大胡子叔叔说，"每天清晨和黄昏，瑞诗凯诗当地人会在恒河中沐浴，此时，寺庙响起钟声，修行者们颂唱起圣歌，直到仪式结束。"

　　"咦，河中央有一座盘腿坐着的男子雕像！那就是湿婆神吗？长得真帅！"来到恒河边，吉米小声地对映真嘀咕。

　　"应该是吧，看，石阶上还有坐垫呢！"映真小声回答。

　　许多僧侣和外来者也聚集在恒河边，时而念念有词，时而轻声吟唱，衣着不同、肤色不同的人们都有着一样的虔诚。

　　人们自觉分成了不同的组，围坐在火炉边。吉米、映真和卡比尔老人一个组，大胡子叔叔和花花在一个组，每个人的面前都有一些谷物杂粮。每组主持的僧侣带头把火炉边

上的五谷杂粮用大拇指和无名指一点点夹起，轻
轻弹进火炉堆中，一边弹一边念诵着
什么，其余人跟着他们，也把自己面前的谷物弹向火堆。等到
谷物全部弹完，唱诵才会停止，朝拜也就此结束。

卡比尔老人站起身，虔诚地对着湿婆神塑像双手合十。

"太神奇了！"吉米、映真和花花感受着仪式
神圣、神秘的气氛，由衷地惊叹着。

"我的朋友，你们接下来要去哪里？"卡比尔
老人问大胡子叔叔。

"嗯……我们打算去加尔各答，
不过……现在……您有什么建议吗？"大胡子叔
叔对卡比尔老人很尊重，他觉得，和

这位智者比起来，自己所拥有的学识、经历都变得很渺小，他想听听这位老人的建议。

"我要启程去杰伊瑟尔梅尔参加骆驼节，你们有兴趣吗？"卡比尔老人沉思半晌后问。

"骆驼节？是去沙漠吗，神仙爷爷？"映真兴奋地问。

"对，聪明的孩子，杰伊瑟尔梅尔坐落在印度西北，是沙漠的奇迹。"卡比尔老人非常高兴又可以与孩子们同行，笑着回答。

大自然的呼吸

瑜伽的起源可以追溯到几千年前，古印度的瑜伽修行者喜欢在喜马拉雅山的森林中修行。时间一长，这些修行者发现森林里的动物们通过千姿百态的运动，不但具备了各种生存技巧，同时还能自我治疗，并放松自己。

于是，修行者们便尝试着模仿这些动物的姿势，并创造出了一系列锻炼身体的方法，也就是现在的瑜伽体位法。其中，很多体位法是以动物的名称命名的，如眼镜蛇式、孔雀式、乌龟式等。

瑜伽在缓慢的动作中，使身体逐渐放松、关节变得灵敏，同时还能活络肌肉和神经系统，因此被人们形象地比喻成"大自然的呼吸"。

　　第二天黄昏，卡比尔老人一行人已经到达杰伊瑟尔梅尔小镇外面。远远望去，杰伊瑟尔梅尔像一座荒废的古堡，可在落日余晖的照耀下，整个城市散发出金色的光芒，分外庄重美丽。

　　"世界上有许多城堡已经沦为只供赏玩的遗迹，可杰伊瑟尔梅尔城堡却一直平易近人。历史上，有四分之一的人口和国王一起住在城堡里，直到现在，城堡里依然住满了平民呢。人们亲切地把它称作'活城堡'。"卡比尔老人说道，言语间全是对自己国家的热爱和自豪。

"哇，它像是金子做的耶！"吉米激动地说。

"呵呵，杰伊瑟尔梅尔有个别名，就叫作'黄金城市'呢。"大胡子叔叔赶在卡比尔老人之前笑着回答。

"里面的屋子都是黄金做的？"花花认真地问。

"唉，花花，那只是一个形容啦，这里不是童话世界，哪里会真的有金子做的城堡呀！"映真忍不住笑了。大家都笑了起来，花花不好意思地低下头。

刚走进杰伊瑟尔梅尔，花花就被迎面而来的大家伙吓了一

跳。这个大家伙披着彩色的绸带，身上、腿上还绑上了彩色丝线，它一点也不怕生人，低下脑袋，想要对花花表示亲热。花花赶紧跳到卡比尔老人身后，卡比尔老人用手摸了摸这个大家伙，从衣袋掏出一块方糖放进它的嘴里，它满足地喷着响鼻离开了。这时花花才看清，原来这个大家伙是一头大骆驼！

杰伊瑟尔梅尔城堡内的街道非常狭隘，连一辆小型的汽车都通不过，此时，无数骆驼又把街道堵得满满的，人们只能从它们的身旁穿行。

"好多骆驼啊！神仙爷爷，这就是骆驼节吧？"吉米搂住一头骆驼的脖子，一边抚摸一边问。

"对，这就是杰伊瑟尔梅尔的传统节日——骆驼节。"卡比尔老人绕过几头骆驼的包围来到吉米身边，映真和花花也拽着大胡子叔叔围拢过来。

"骆驼节在每年的2月初举行，一共要进行三天，节日当天，四面八方的骆驼都来到杰伊瑟尔梅尔聚会。骆驼的主人把它们打扮得漂漂亮亮的，为了表达人们对'沙漠之舟'的敬意，还有游行队伍为它们庆祝节日呢。"卡比尔老人缓缓讲述着。

"看，他们来了！"身材高大的大胡子叔叔比别人先发现了"情况"。

"啊，在哪里在哪里？"孩子们急得直蹦，生怕错过这场

热闹。

卡比尔老人和身旁几位参加骆驼节的人低声商议了几句，骆驼的主人非常大方地牵过自己的骆驼，让三个孩子坐在它们背上，以便更好地观看游行表演。孩子们兴高采烈地坐了上去。

"呀，有喷火表演！""还有叠罗汉！"不远处，民俗队伍的表演引得孩子们发出阵阵尖叫。

民俗表演队的后面，三个骆驼方队走了过来。"走在最前面的是古时装扮的骑兵，中间的是武士，后面是乐师。"卡比尔老人为孩子们解释着。

"咦，武士队也有各种表演耶！嘿！酷！"看到武士们在骆驼上做着各种特技动作，吉米大声喝彩。屋顶和街道两旁都挤满了人，人们的情绪像开水沸腾了一样，不时发出尖叫声、喝彩声……

　　游行队伍过去了，孩子们的情绪还没有平复，兴高采烈地议论着。

　　"我们在新德里看的阅兵也有特技表演，我发现印度的节日特别放松，除了狂欢，就是狂欢，没有一丝束缚。"映真总结说。

　　"嗯，这是一个处处都能感受到快乐的国家。"吉米和花花都同意映真的看法。

　　"看，我们不能轻视孩子的思想和观察力！"卡比尔老人听着孩子们的讨论，对大胡子叔叔竖起了大拇指，大胡子叔叔点点头，露出了欣慰的笑容。

第8章　　沙漠迷途

　　早晨，大胡子叔叔决定照原计划进行，下一站去加尔各答。

　　花花抓着卡比尔老人的手不放："神仙爷爷，你和我们一起去旅行吧！"

　　"呵呵，你们中国有句古话'天下没有不散的筵席'，咱们这几天能够在一起，已经是非常值得高兴的事了。"卡比尔老人笑着安慰花花。

孩子们依依不舍地告别卡比尔老人。在他们幼小的心灵里，第一次生出聚散无常的感慨。

大胡子叔叔告诉孩子们，他们要坐中午十二点的火车去斋普尔，在斋普尔乘坐飞机去加尔各答。

"现在离中午还有一段时间，那我们去沙漠看看呗？我好想看真正的沙漠哦。"于是花花提议说。

"还有仙人掌。"映真补充了一句。

"我要滑沙！"吉米也举起了手。

"好吧，我的小猴子们，我们就在附近的沙漠玩一会儿，中午再回来坐火车。"大胡子叔叔看看表，爽快地答应了。

"叔叔最好了！"孩子们欢呼起来。

站在一望无垠的沙漠上，任何人都会感受到自身的渺小：莽莽黄沙无边无际延伸到天的尽头，凹凸不平的沙丘星罗棋布，绵延不断。

"那是什么？"吉米发现不远处有一个鸟状的动物一跛一跛地跳跃前进，"一定是鸵鸟，我要看鸵鸟蛋！"说完，吉米拔腿追上去。

"唉，小心！"大胡子叔叔喊着，追了过去。

吉米灵巧地翻过一个沙丘，又翻过一个沙丘，大胡子叔叔、映真和花花紧紧跟在后面，不知不觉中，他们跑进了沙漠深处。

"哎呀，我抓到你了！"吉米大声喊，"大胡子叔叔、映真、花花，快来看啊，好好玩哦！"

原来，吉米发现的动物真的是一只鸵鸟！这是一只小鸵鸟，美丽的白色翅膀紧紧收在身侧，似乎受了伤，一条腿软软地垂着，它眼看跑不过吉米，竟然趴在地上，把头埋进了沙中！似乎埋起来自己看不到危险，危险就不存在了！

大家都被小鸵鸟可爱的动作逗笑了。"怪不得形容一个人不愿意面对问题，就说他像鸵鸟一样呢！"映真总是第一时间开始联想。

突然，大家发现小鸵鸟的腿有点痉挛，可能是受了伤。

"它好可怜哦，一定要把它治好。"花花把小鸵鸟抱在怀里，心疼地说。大胡子叔叔小心翼翼地捧起它的长腿查看着："不要紧，它的脚趾上扎了一根刺，拔出来就没事了。"

"鸵鸟只有两个脚趾耶！"吉米觉得十分新奇，大声地嚷嚷。

"对，鸵鸟是鸟类中脚趾数最少的鸟了，一般的鸟类都有三到四个脚趾。鸵鸟是长跑健将，它比马跑得都快呢！要不是它受了伤，十个吉米也追不上它哟。"大胡子叔叔一边说，一边从百宝箱里取出一个小镊子，夹住小鸵鸟脚趾上的刺，小心地拔了出来。

"好了，快去找妈妈吧。"大胡子叔叔拍拍小鸵鸟的头。小鸵鸟眨巴着大眼睛，扇动着长长的睫毛，温顺地看着眼前的人类，伸出长脖子蹭了蹭花花，飞一般地跑走了，很快就消失在地平线上。

　　吉米挠挠头："跑得真快！别说十个，我看就是一百个我也追不上它！"大家都笑了起来。

　　"好了，我们回去吧。"大胡子叔叔帮助了小鸵鸟，心情很愉快。

　　"咦，我们的脚印呢？沙漠好像和刚才不大一样了！"走了几步，映真惊讶地说。

　　"啊，不好！"大胡子叔叔像突然想起了什么似的大叫起来。

孩子们很少见到大胡子叔叔如此紧张，也都跟着紧张起来。

原来，沙漠里的沙是流动的，一点微风就可以让景物瞬息万变，流动的沙早已掩盖了他们来时的脚印。

一向睿智沉着的大胡子叔叔也有点沉不住气了。他知道，在大自然面前，人类的力量非常渺小，一点失误都可能导致不测的发生。

"我们从现在开始不要分开，跟着叔叔，别怕，我们一定能找到回去的路。"大胡子叔叔掏出指南针，尽可能镇定地安慰孩子们。

"叔叔，我们不怕，走吧！"关键时刻，三个孩子都表现得很勇敢。

"火车赶不上了！"大胡子叔叔抬头看看天色，遗憾地说。

"叔叔，有人来了，还有骆驼！"吉米突然发现两个黑点正向他们这边走来。

"太好了，这下我们有救了！"映真高兴地说。

大胡子叔叔暗暗松了一口气，带着孩子们向黑点走了过去。

黑点越走越近，竟然是卡比尔老人！孩子们激动得说不出话来。

最大的鸟蛋

在现存鸟类中，鸵鸟是世界上最大的鸟，而它产的蛋也是目前世界上最大的鸟蛋。一枚大鸵鸟蛋可以达到1.5千克左右的重量，蛋壳约有2毫米厚，50多千克重的成人站在上面，蛋也不会破碎。其实，鸵鸟蛋并不是最大的鸟蛋，有一种在1660年前后灭绝的鸟，名字叫作象鸟，象鸟蛋相当于6个鸵鸟蛋那么大，可惜，现在只能在博物馆里看到这种蛋了。

说起世界上最小的鸟蛋，蜂鸟蛋当之无愧，它只有豌豆粒那么大，每一枚的重量约0.2克。

第9章　火车之旅

"神仙爷爷，您真的是神仙对不对？您怎么知道我们迷路了？"花花第一个开口问。

"我听人家说你们往沙漠方向走了，一直没有回来，就过来看看。"卡比尔老人牵着骆驼，看到大

胡子叔叔和孩子们安然无恙，松了一口气。

"沙漠很美丽，但是也最变幻无常，还好你们没有赶上风沙天，要不我就很难找到你们了。"卡比尔老人把花花抱上骆驼，往回走去。

"神仙爷爷，我们赶不上火车了。"吉米遗憾地说。

"哦？这可不一定哟，先去看看吧。"卡比

尔老人露出神秘的笑容。

　　在卡比尔老人的带领下，大家很快又回到杰伊瑟尔梅尔。映真回头看了一眼沙漠，黄沙依旧无边无际地蔓延着，他心有余悸地吐了吐舌头。

　　卡比尔老人径自往火车站走去。大家纳闷极了，也跟了过去，吉米不解地说道："难道神仙爷爷真的有本事让火车等着我们？"

　　"不对，神仙爷爷会把我们穿越到中午十二点，这样我们就能赶上火车了。"花花认真地说。

　　到了火车站，月台上聚集着许多等车的人，卡比尔老人对大胡子叔叔说："火车在等你们。"

　　大胡子叔叔半信半疑地上前一问，居然是真的！他们所乘

坐的列车还没有发车！

　　"我们穿越了！"花花兴奋地说。

　　"现在是下午两点。"大胡子叔叔抬抬左手腕上的手表，
对满脑子充满幻想的花花摇摇头。

　　"在印度，火车晚点是经常的事情，如果有火车正点儿
了，那才叫不正常呢。"卡比尔老人捋着胡子，笑呵呵地说。

　　这时，火车鸣着长长的汽笛声进站了。

　　大胡子叔叔和孩子们上了火车。列车开动了，他们向车窗
外的卡比尔老人使劲挥手，直到老人变成一个小黑点。

　　"真是有惊无险啊！"看着窗外正在后退的大片沙漠，映
真长长地舒了一口气。

　　"咦，好多的蓝色！"火车减速进站了，孩子们发现窗外

的建筑都是蓝色的。深蓝色、浅蓝色，映着蓝色的天空，非常美丽。

"我知道，这是蓝精灵住的城堡。"花花笑嘻嘻地说。吉米想反驳花花，却不知道说什么，转向大胡子叔叔："叔叔，这是什么地方啊？"

"呵呵，这里是焦特布尔，著名的蓝色城市，也被称为'沙漠上的蓝色妖姬'。它位于沙漠边缘，出了这座城市，我们就可以和沙漠说'拜拜'了。"大胡子叔叔笑着说。

"为什么这里的房子都是蓝色的呢？"映真问。

"印度的传统文化中存在种姓制度，处于最高等级的婆罗门为了突出自己的高贵身份，把居住的房屋涂成了蓝色。后来，印度宪法废除了种姓制度，这里的居民就仿效婆罗门，争相把房屋都涂成了蓝色。"大胡子叔叔讲历史故事最拿手了。

很快，火车离开了焦特布尔。走着走着，火车开始减速，慢慢停了下来。

"为什么突然停车了？"吉米探头往窗外看去，长长的铁轨向远方无限延伸，并没有停靠的站点。

"因为对面有另一辆火车要开过来，它停下让路呢。"大胡子叔叔解释说。

果然，不一会儿，"咣当咣当"的声音越来越近，一辆火车与他们乘坐的这辆擦身而过。

"哇，没有车门！"吉米大叫。

"车顶上有人！"花花也大叫。

原来，那辆火车有好几节车厢根本就没有车门，可以清晰地看见走道里蹲坐的乘客。更让他们惊讶的是，还有几节车厢的车顶上、车厢边都挤满了人！

"好危险呀！"花花着急得不得了。

"这是印度特有的火车文化。"大胡子叔叔告诉孩子们。

"正如印度社会一样，印度的火车也是阶级分明。同一列火车的车厢就有七八个等级，最低的两个等级分别是无空调卧铺车厢、无空调硬座车厢，你们看到的无门、扒车厢、扒车顶的现象在低等级的车厢里是常见现象呢。"

"原来是这样啊！"映真说道。

晚上十点，火车抵达斋普尔，大胡子叔叔和孩子们在一家临近琥珀城堡的旅馆住了下来。经过这几天的行程，大家都很疲惫，很快进入了梦乡。

无人检票的印度火车

印度火车站没有候车大厅，也没有安检、检票等程序，乘客都直接在月台上等车，许多乞丐、流浪汉夹杂其中。月台横梁上有许多乌鸦窝，淘气的乌鸦们时不时会给乘客洒下几点粪便，制造意外的"惊喜"。作为一个人口大国，印度的火车票实名制已经实行了100多年，每个车厢外会贴着本车厢的旅客名单。上车时没有乘务员核对车票，乘客只能自己核对，加上开放式、多轨道的月台，乘客上错火车是常有的事情。

第10章

我不要做印度新娘

最先起床的花花从旅馆窗户向外看，被一队敲锣打鼓、又蹦又跳的人群吸引住了。她跳到大胡子叔叔的床前又拍又推："叔叔，叔叔，起来啦起来啦，下面有游行的，又在过节了！"

映真和吉米一骨碌爬起来冲到窗前："在哪里？在哪里？"

"我的小猴子们！叔叔这把老骨头快经不住折腾了，好困啊！"大胡子叔

叔亲昵地埋怨着，快速穿好衣服走到窗前。

　　"呵呵，这不是游行队伍，也不是什么节日，这是一支迎亲队伍嘛。"大胡子叔叔笑着说，"你们看队伍最前方，那个穿白色衣服、戴头巾和花朵的小伙子，那就是新郎呀。"

　　"我要看新娘子！"得知是迎亲队，孩子们更兴奋了，拉着大胡子叔叔就往外跑。

　　大胡子叔叔和孩子们跟着许多看热闹的人一起，走在迎亲队伍的后面。迎亲队中的人们卖力地唱着、跳着，把气氛带动得无比热烈、欢乐。

　　一见到新娘，花花就被迷住了：新娘穿着镶满黄金、珠宝的红色纱丽，身上佩戴着许多首饰、珠宝，显得高贵、神秘、优雅。

"好漂亮啊！我长大后也要当新娘子！"花花非常羡慕地说。

"你们女孩子就注重打扮！"吉米不以为然地说，"咦，新郎往新娘的额头上抹的是什么呀？"

"这是朱砂，新郎把朱砂涂在新娘的头发分缝处，让它流到额头上一些，可以使夫妻相爱到老。"大胡子叔叔说。

这时，新郎和迎亲队伍带着新娘返程了，一会儿就回到了新郎家。

"大胡子叔叔，这是什么呢？"映真指着新郎家门前的帐篷问。帐篷由四根竹竿支起来，新娘正由一位老人搀扶着走到帐篷下面。

"这是婚礼帐篷，新娘由舅舅护送到婚礼帐篷下。"大胡子叔叔说。孩子们聚集到大胡子叔叔身边，一边观看婚礼一边听大胡子叔叔讲述各种习俗。

"婚礼分为三个步骤。第一个步骤是洗脚，新娘的父母用牛奶和清水为这对新人洗脚，祝福他们开始新生活。

"第二个步骤是牵手，新娘的右手被放到新郎的左手中，牧师宣读完《圣经》后，在新郎新娘的肩头缠绕24圈白布，象征他们结合。"

"他们点了一个火堆！"映真兴奋地说，他想起在瑞诗凯诗的恒河边，朝拜湿婆神仪式上也点过火堆。

"这就是婚礼的第三个步骤了，也是最热闹的一个步骤，由新娘的兄弟带领新郎新娘围绕火堆走七步，新娘新郎的手中必须拿着大米、燕麦和树叶，象征着财富、健康和繁荣；然后，他们要向长辈行触脚礼，即跪在地上用额头去碰长辈的脚，接受长辈的祝福。"大胡子叔叔接着说。

"看，他们在给新郎新娘撒玫瑰花瓣呢，好浪漫哦！"向新郎新娘抛撒的玫瑰花瓣形成了花瓣雨，婚礼现场如梦如幻，花花羡慕地喊着。

"呵呵，很美丽对吗？不过，撒花瓣可不是为了浪漫哟，而是驱除邪恶。"大胡子叔叔疼爱地拍了拍花花的肩膀。

"他们为什么要互相喂糖果呢？"吉米也提出了疑问。仪式已经结束了，双方的亲戚给新郎新娘的额头点上红点，把手中的大米向他们撒去。

"新娘要喂新郎五口糖果，表示

照顾丈夫和给全家做饭是她应尽的义务；然后新郎再给新娘喂糖果，表示供养妻子和全家是丈夫的责任。类似于美国的新人在教堂里互相说'我愿意'。"大胡子叔叔被婚礼的气氛感染，笑得很开心。

"大胡子叔叔，我决定了，我长大要当印度新娘！"花花仍陶醉于婚礼的气氛中，向大胡子叔叔郑重地宣布。

"我的小花花，印度新娘虽然美丽，但是，在印度，女子的地位很低，女方不但要负担婚礼花费，还要陪嫁许多东西。陪嫁东西的多少决定新娘子以后在男方家地位的高低。你真的决定了吗？"大胡子叔叔笑着问花花。

"啊？那可不行！我不当印度新娘了！"花花赶紧摆手，放弃了印度新娘梦。

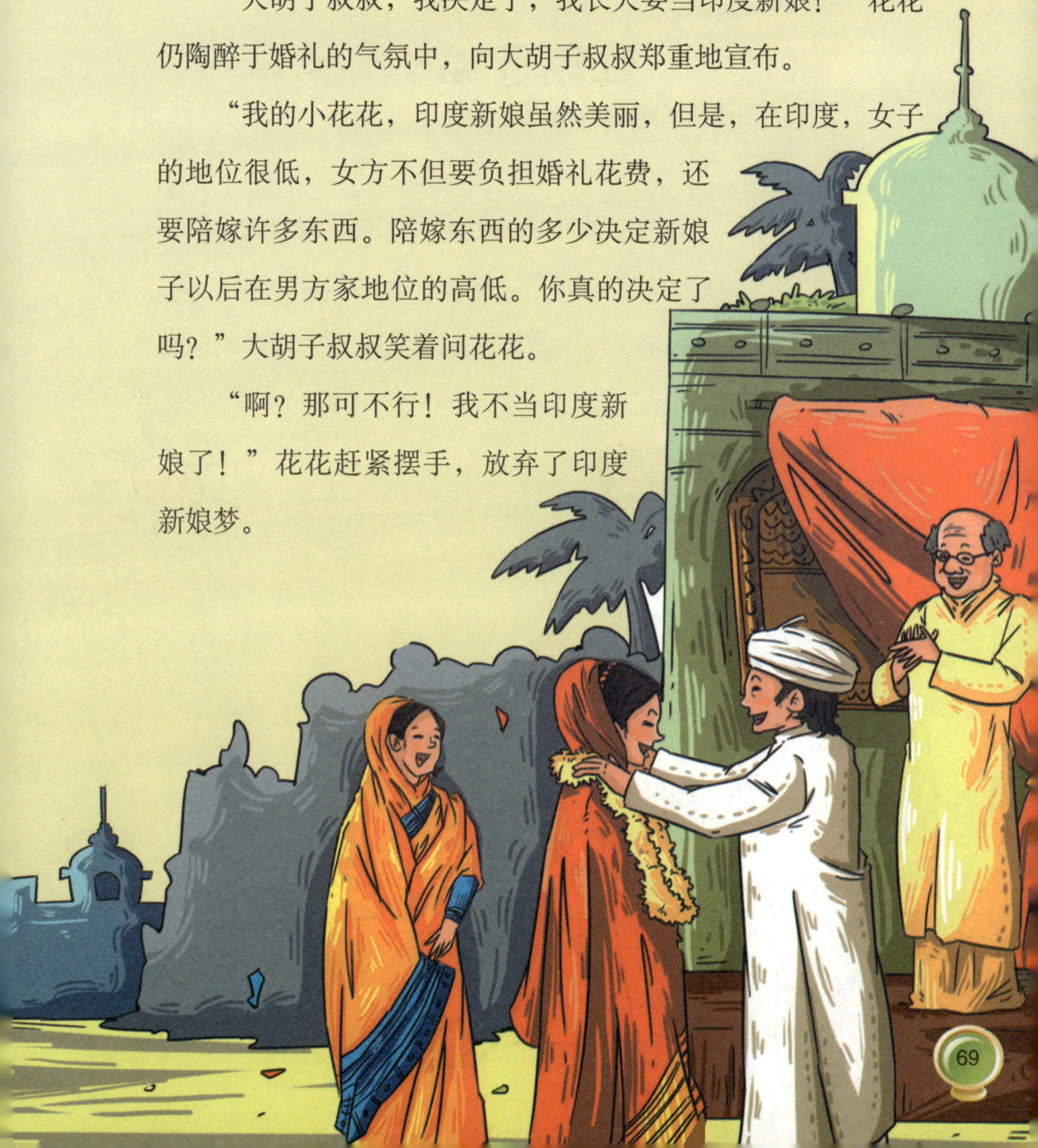

第11章　　红粉之城

　　来到斋普尔，琥珀城堡是必游之地，大胡子叔叔故作神秘地告诉孩子们，他们要坐"轿子"进入城堡。

　　"轿子？哪里有轿子？"来到琥珀城堡附近，吉米纳闷地问。

"大胡子叔叔，你说的不会是大象吧？"映真注意到有许多大象向山上走去，象背上有一个小围栏，里面坐着游客。

"哈哈，猜对了！"大胡子叔叔没想到映真这么快就看破玄机，哈哈大笑，"这些大象又叫作'象轿'，是游客首选的登山工具。"

"它会不会把我们摔下来？"不同于男孩子们的跃跃欲试，花花畏惧地看着这个庞然大物。

"不怕不怕，它们很温顺。你和叔叔一起，好不好？"大胡子叔叔轻声哄着花花。最后，花花和大胡子叔叔共乘一头大象，映真和吉米乘坐另外一头。

大象走得很稳，吉米和映真还在象背上玩起了花样，一会儿表演金鸡独立，一会儿又扶着围栏来个倒立，看得花花连连惊叫。

　　大象沿着护城墙的石头路走上山顶，琥珀堡就矗立在这里。堡外的护城墙蜿蜒连绵，是抵御敌人的坚固工事，素有"印度长城"的美誉。城堡由奶白、浅黄、玫瑰红和纯白石料建成，远远看去，像一块巨大的琥珀，因此叫作琥珀堡。

　　"那里有一座会发光的宫殿呢！"吉米被眼前的美景震撼了。阳光下，整座宫殿流光溢彩，熠熠生辉，美丽得让人怀疑是在做梦。

　　"这座宫殿叫作镜宫。孩子们，你们仔细观察一下，镜宫为什么会发光呢？"大胡子叔叔不放过任何一个培养孩子观察力的机会。

　　"我知道了！这座宫殿的墙壁上镶嵌的都是玻璃，太阳光照在上面，又以不同角度反射回来，所以看上去像在发光！"映真胸有成竹地说。

"正是这样！"大胡子叔叔非常高兴，"不过，它镶嵌的不是玻璃，而是水银镜片。"

"镜宫是国王的寝宫，它是一座圆形宫殿，分左、中、右三层内殿，居住着国王和十二嫔妃。阳光下的镜宫并不是最美丽的，入夜后，在漆黑的寝宫内点燃蜡烛，摇曳的烛光映照在宫顶和四壁时，寝宫顿时变成一个浩瀚无垠的苍穹，点点烛光映照在镜面上，像是满天繁星；舞动蜡烛时，繁星闪烁，仿佛置身于斗转星移的仙境中……"讲着讲着，大胡子叔叔闭上了眼睛，似乎已看见了这幅美景。

三个孩子齐齐地"哇"了一声。

从琥珀堡来到斋普尔市区，花花率先叫起来："粉红色的房子！"

映真和吉米对望了一眼，同时想起了黄金城市杰伊瑟尔梅尔和蓝色城市焦特布尔。

大胡子叔叔又自觉充当起导游："斋普尔是一座很有诗意

的城市，它又叫作'红粉之城'，也叫'玫瑰城'。全城除了琥珀堡外，一律粉红色，连女性的纱丽也偏粉红。

"18世纪初，一位杰出的土邦主杰邦·辛格创建了斋普尔。为了使这座城市与众不同，他下令把全城的房屋都涂成了粉红色，建筑物也必须用浅红色砂岩建造。

"斋普尔曾经有过一个巨大的玫瑰园，后来随着王室的衰败荒芜了，但'红粉之城''玫瑰城'的称号一直延续到今天。"

"像一个粉红色的梦。"走在市区整齐的街道上，看着整齐的建筑、路旁葱郁的树木和美丽的花朵，孩子们一致赞叹道。

第12章　唐僧在这里

　　飞机起飞了，从舷窗往下看，斋普尔像一枝粉红玫瑰绽放在大地上，妖娆美丽。

　　"我们见到三个彩色城市了，黄金城市、蓝色妖姬和红粉之城，不知道加尔各答是什么颜色？"映真兴奋地问。

　　"加尔各答似乎没什么特别的色彩，不过，它和你们最近看的《西游记》有一点关系哦。"大胡子叔叔说。

"真的？加尔各答是'西天'吗？"吉米一下子来了精神。

"呵呵，加尔各答还不算'西天'，真正的'西天'在王舍城。加尔各答有一座玄奘寺，玄奘就是《西游记》里唐僧的原型哦。"大胡子叔叔笑着答。

孩子们兴奋起来，叽叽喳喳讨论起《西游记》的精彩情节。

一下飞机，孩子们就迫不及待地跳上出租车，直奔玄奘寺。

"看，好多的宫殿！"映真趴在车窗上，惊叹地指着外面的景致。

"这是殖民地时期的建筑群，有哥特式建筑、巴洛克建筑、罗曼式建筑、东方式和印度式建筑等，有很高的艺术成就，加尔各答因此被称为'宫殿之城'。"大胡子叔叔告诉孩子们。

　　"好壮观啊！真了不起！"映真佩服极了，"咦，墙上有许多涂鸦画呢！"

　　"加尔各答有政治涂鸦的传统。看，这些涂鸦都是对事件的描绘，有诙谐的玩笑，还有讽刺漫画和打油诗呢。"大胡子叔叔饶有兴趣地和孩子们一起看。

　　边走边看，本来不近的路途变得很短，玄奘寺到了。

　　"咦，这里和中国的寺院一模一样哦。"玄奘寺院前是一座十多米宽的中国式牌坊，花花看到上面悬挂的匾额"玄奘寺"居然是中国字，感觉亲切极了。

　　"玄奘寺完全按照中国传统寺院的样式建造，现在的主持也是中国人哦。"大胡子叔叔说，"来，我们先把鞋子脱下再进去吧。在印度，进入寺庙时必须要

脱去鞋子，也不能穿短裤、短裙呢。"

寺院正面有三层楼的藏经阁，左边是玄奘纪念堂。

"唐僧就在这里呀！"吉米在宽阔的殿堂之间跑来跑去。

"吉米像一只猴子。"看到吉米兴奋的样子，映真取笑说。

"您是中国人吗？"花花看到一个穿着黄色袈裟、有着东方脸孔的僧侣正在对她微笑，便跑过去询问。

"阿弥陀佛，小姑娘，我来自陕西，你来自哪里呢？"花花看见的正是玄奘寺的主持悟谦法师，他看见来了这么可爱的一个小同乡，感到十分高兴。

"我来自北京！"花花高兴地说。

悟谦法师亲切地牵着花花的手，向大胡子叔叔、吉米和映真介绍起寺院的景致。

原来，玄奘寺在印度所有中国寺院中居

玄奘寺

于首位。20世纪四五十年代是印度华侨最兴盛的时期，每年的农历二月，都有数百华人租轮船行驶在恒河上观光，到这里缅怀拜祭玄奘法师，这个习俗一直延续到现在。对于旅居印度的中国游子来说，玄奘寺已成为他们的精神家园。

经常在世界各地旅游的大胡子叔叔对这种情绪很理解："这是一种乡愁，无论身在何方，心中总是想着祖国，想着家乡。"

"我们也知道，就是想家的感觉嘛！"孩子们齐声说。悟谦法师和大胡子叔叔都笑了，孩子们还处在不能体会乡愁的年龄上呢！

　　"叔叔，我想去真正的'西天'。"离开玄奘寺，吉米渴望地说。

　　"你们的意见呢？"大胡子叔叔询问映真和花花。大胡子叔叔很民主，充分尊重孩子们的意见。

　　"我也想去。"映真说。

　　"我也没意见。"花花举手表决。

　　"好，那我们就出发吧！"得到统一的意见，大胡子叔叔又带着孩子们出发了。

第13章　终于到了西天

　　"这个就是西天大雷音寺？《西游记》里取经的西天大雷音寺？"吉米看着眼前的一大片废墟，难以置信。

　　"是啊，这里就是大雷音寺，又叫那烂陀寺，印度语的意思是莲花盛开的地方。"大胡子叔叔笑眯眯地说。

“那为什么变成废墟了呢？”花花好奇地问。

“大概是在13世纪左右，这里发生了战争，战火毁了这座寺庙，僧人大量逃亡到外地。后来一度重建过，但不久又遭到毁灭，最终只留下这片废墟。”大胡子叔叔在脑中搜罗着这段历史。

“好可怜！”吉米已经从失望的情绪中恢复过来，仔细观察起砖红色的废墟，“好大的规模啊，看来当年确实是一座非常宏伟的寺院呢。”

遗址是一片红色砖石砌成的建筑群，中心有一座仅剩4层的塔；塔的东面，伸展着一排排僧房遗址；塔西则矗立着一排排残存的佛塔。共有12座僧院以及讲经用的僧院厅堂。

“历史上，唐僧真的到这里来取经了吗？他和《西游记》里的唐僧是同一个人吗？”映真一贯具有质疑精神。

"《西游记》是一本神话小说，里面描写的人物大多数是不存在的，但唐僧除外。历史上，确实有一位叫玄奘的唐朝僧人，从当时唐朝都城长安出发，发下'不至天竺终不东归一步'的誓愿，不畏惧路途遥远，克服艰难险阻，来到那烂陀寺取回了真经。"大胡子叔叔回答说。

　　"其实我们今天能够看到那烂陀寺的遗址，还是唐僧的功劳呢！"顿了一下，大胡子叔叔又说。

　　"为什么呢？"孩子们回过头来，他们正在参观一个方方正正的大坑，据说这里是僧侣洗澡的地方。

　　"玄奘法师从这里取经回去后，根据自己的见闻写了一本《大唐西域记》。

1846年，英国考古学家亚历山大·康宁汉姆根据这本书才发掘出那烂陀寺的遗址。"大胡子叔叔感慨地说，"据玄奘记载，当年的那烂陀寺'宝台星列，琼楼岳崎，观束烟中，殿飞霞上，生风云于户牖，交日月于轩檐，羯尼花树，晖焕其间，庵没罗林，森疏其处……印度迦蓝数乃千万，壮丽崇高，此为其极'。就是形容那烂陀寺的壮观美景，推崇那烂陀寺为印度最宏伟的寺院。

"只可惜，从13世纪被毁灭到19世纪被发现，那烂陀寺整整被湮没了600多年！"大胡子叔叔想到时空更迭，历史变幻，觉得分外凄凉。

"才600年？孙悟空被如来佛祖压在五指山下500年，《西游记》里说了，不长，一下子就过去了。"吉米满不在意地说。

"我们去登塔吧，这座塔看起来比较完好。"映真建议。

塔本来有7层，现在只余4层了，每一层都有很多巨大石柱，上面雕刻着栩栩如生的佛像，姿态万千，周围还刻有花纹装饰。大胡子叔叔轻轻抚摸着这些花纹，不禁遥想起几百年前的那烂陀寺，该有多么雄伟壮观，多么气势恢弘！

从塔上下来，吉米跳上了曾是讲经堂的遗址，煞有介事地双手合十："阿弥陀佛，我们师徒四人历经艰险，终于到达了西天。大胡子师傅、映真师兄、花花师妹，快来合个影吧！"

大胡子叔叔第一个大笑起来，映真和花花笑得上气不接下气，吉米被笑得莫名其妙，花花好心提醒他："吉米，照这么说，你就是二师兄喽，二师兄是……是猪八戒！哈哈！"

第14章　典雅的蓝孔雀

　　走在菩提伽耶小镇街道上，花花注意到，在拥挤的居民、朝圣人流之间，除了印度街头常见的骆驼、黄牛、猴子外，还不时有三三两两的蓝孔雀昂着头高傲地经过。

　　"蓝色的孔雀？"花花揉了揉眼睛，确定自己没有看错，她在动物园见过的孔雀都是绿色的。

　　这时，恰好有一只蓝孔雀停了下来，歪着小脑袋打量着花花他们，似乎对小孩子特别感兴趣。

　　"嗨，你好！"吉米拿出一个面包，冲蓝孔雀打招呼。

蓝孔雀瞥了一眼面包，不屑地转过头。

"呵呵，尝尝这个吧。"大胡子叔叔拿出一个芒果，剥开皮捧在手里，蓝孔雀这才回过头来，慢慢悠悠吃起大胡子叔叔手中的芒果。

花花试探性地摸了摸蓝孔雀的颈部，它的颈部、腹部和胸部都是亮丽的蓝色，头顶的孔雀翎也是蓝色，阳光下光彩灼灼，漂亮极了。蓝孔雀轻轻地偏偏头，但并没有躲开花花的碰触。

"你好漂亮喔！"花花高兴地搂住蓝孔雀的脖子，夸赞说。

"花花，你看它多臭美，你还夸它！"受到孔雀冷落的吉米

不服气地说。

"大胡子叔叔，为什么这里的孔雀都是蓝色的呢？"映真无视吉米和花花的争执，自顾自地问起了"正事儿"。

"蓝孔雀又叫印度孔雀，它在地面上觅食和筑巢，但在树上栖息，主要以种子、昆虫、水果和小型爬行动物为食，比如年幼的眼镜蛇。它和人类很亲近，还是印度的国鸟呢，在印度受法律保护，不允许私带出境。"大胡子叔叔一边捧着芒果喂孔雀，一边回答。

"我记得《西游记》里好像提过一位孔雀明王菩萨呢。"映真苦苦思索着说。

"映真真爱看书。"花花细声细气地说。

"印度关于孔雀的传说很多哦。"听到花花这样说，大胡子叔叔更来劲了，"公元前4世纪，印度历史上出现了一支号称孔雀族的强大部落，这个部落成立了一个空前强大的王朝——孔雀王朝。在孔雀王朝第三代帝王阿育王统治时期，印度达到了最为辉煌的时代。刚才我们游览的大菩提寺，就是阿育王建造的。"

这时，蓝孔雀已经吃完了芒果，它似乎也感受到孩子们对它的热爱，突然刷地一声打开了尾屏。

"哇——好多'眼睛'哦！真是太漂亮了！"孩子们又一次惊叹起来。

只见蓝孔雀的覆尾羽长达一米以上，羽片上缀有蓝、紫、黄、红等多种颜色的眼状斑，打开的尾屏像一把扇子，光彩夺目，美不胜收。

可惜只一会儿，蓝孔雀就把尾屏收好，径自走了。看它那悠闲自得的姿态，仿佛这里不是拥挤的街道，而是它的王国。

"它很骄傲啊。"吉米看着蓝孔雀优雅的背影说。

孔雀为什么开屏

孔雀的尾屏非常美丽，在动物园，很多人不停地给孔雀喂食，就是为了观赏它开屏的瞬间。但孔雀并不会无缘无故地开屏，它开屏通常有两个原因。

一是求偶。每到春季，雄孔雀会频繁地展开它那五彩缤纷、色泽艳丽的尾屏，不停地做出各种舞蹈动作来吸引雌孔雀的注意，一旦求偶成功，便与雌孔雀一起产卵并养育幼雏。二是防卫。在孔雀的大尾屏上，我们可以看到许多近似圆形的眼状斑，这种斑纹颜色不一，色泽艳丽，一旦遇到敌人，孔雀便会突然开屏，并"沙沙"抖动，使眼状斑随之晃动，吓退敌人。

第15章　误入丛林

　　"小家伙们，想不想去看看生活在丛林中的野生动物呢？"大胡子叔叔笑着问孩子们。

　　"想！"吉米率先蹦了起来！映真和花花也很兴奋，小孩子们和动物是天生的朋友。

　　"印度最大的动物园在哪儿呢？"花花问。

"呵呵，这个问题可把叔叔难住了，"大胡子叔叔摸摸大胡子，"咱们此行的目的地是印度西南部的西高止山。据我所知，仅西高止山就有几十个国家公园、上百个野生动物保护区呢。"

　　三个孩子一听，更兴奋了，恨不得马上赶到西高止山。

　　到达西高止山时已是傍晚。按照规定，需要由专业司机和动物向导带领，每天清晨乘坐开放式的吉普车前往保护区。

　　"还要等一晚啊！"一向沉稳的映真也沉不住气了。

　　"睡吧，小家伙们，明天需要充足的体力哟。"大胡子叔叔亲切地劝慰失望的孩子们。

　　兴奋过度的三个孩子几乎整夜未眠，天还未亮，就急急忙忙地催大胡子叔叔起身："叔叔，快起来，我们要第一个进去参观！"大胡子叔叔已经习惯这种起床方式，飞速穿戴完毕，来不及系鞋带，就被孩子们拉着往门外跑去。

到达保护区时，前面已经有好几辆车在排队，孩子们等得坐卧不安。终于轮到他们了，登记完毕，吉普车缓缓驶进了保护区。

"看，那里有地图！"吉普车刚刚拐弯，眼尖的吉米就发现了指示地图。

"这张地图说的是保

护区的地貌，"导游尽职地讲解着，"这里有草原、森林、湖泊、沙地，动物资源非常丰富，我们可以慢慢观赏。"

"老虎呢？老虎在哪里？"映真早就想见识一下这个大家伙了。

"呵呵，看你们的运气了！"司机说，"有时候好几天也看不到一只老虎，有时候一天可以看到好几只！"

吉普车很快驶入密林地区，路很窄，车辆只好停了下来。

"我们怎么进去呢？"花花有些畏惧地看着茂密的丛林。

"别担心，"司机笑着对花花说，

"看，他们来了！"

动物向导正牵着一头大象走过来，原来，在茂密的丛林中，大象是最方便安全的交通工具，它庞大的体积连老虎狮子都望而却步呢！

"好运气啊，我的朋友们！"动物向导老远就大声喊，"前面发现老虎的踪迹了！"

大胡子叔叔和孩子们坐上象背，向丛林深处走去。向导对森林非常熟悉，熟练地指挥大象在密林中穿行。

"老虎不在笼子里吗？"花花有些忐忑。

"笨蛋！这里是自然保护区，不是动物园，当然不在笼子里！"吉米嘲笑花花道。

花花白了吉米一眼，没有理他。

"不怕不怕，我们骑在大象背上，老虎不敢怎么样的。"映真

瞪了吉米一眼，安慰花花。

"快看，在那里！"吉米突然挺起腰身，指着左前方。

大家都顺着吉米手指的方向看去，果然，一只庞大的孟加拉虎正躺在树下呢！

花花一把抓住大胡子叔叔的手，紧紧咬住牙，没有发出惊叫。只见大象若无其事地从老虎身边走过，老虎懒洋洋地抬头看了他们一眼，又趴下睡觉继续。花花这才松了一口气。

又走了一会儿，大象突然变得有些烦躁，停住脚步，扬起长鼻子甩来甩去。动物向导皱着眉头跳下象背，敲敲大象的肚子，把耳朵贴上去听了听，抱歉地说："我的朋友们，这头大象恐怕有些胀肚子，它不能继续为我们服务了，我们需要换另外一头大象，你们在原地等我，我一会儿就回来。"

"千万不要乱走啊！"动物向导牵着大象往回走，不放心地回头叮嘱。

"好，我们哪里也不去。"大胡子叔叔喊着。

一只松鼠从树上溜下来，蹲在吉米面前，骨碌碌地转动大眼睛望着吉米，一点儿也不知道害怕。吉米高兴地伸出手去，想要和它握手，它却一下子跑开了，跑到不远处继续看着吉米。

　　"嘿，哪里走！"吉米不由自主地跟了过去。

　　"吉米，不要走远，向导回来会找不到我们的。"大胡子叔叔郑重地告诫。

　　"不要紧的，我走不远。"吉米满不在乎，跟着小松鼠一蹦一跳地走向森林深处。

　　大胡子叔叔叹了口气，无奈地摇摇头，吉米淘气起来谁的话也听不进去。在陌生的森林里，他不能放任吉米一个人行动，只好跟着吉米向前走去，同时

叮嘱着："映真、花花，跟上我，我们去叫吉米回来！"

小松鼠跑得没影了，吉米又看见一只小猴子在树上跳来跳去："哈哈，我看你往哪里跑！"吉米又兴奋地追了过去，对后面大胡子叔叔的叫声充耳不闻。

小猴子双臂交替，飞快地在森林中上蹿下跳，很快又没影了，吉米这才回过神来，停下脚步，与追得气喘吁吁的大胡子叔叔会合。

"玩够了吧，吉米？我们快回去吧。"大胡子叔叔抓住吉米的手，生怕这个淘气的侄子再想出什么花样来。

四个人沿着来时的路往回走，走着走着，大胡子叔叔突然停下了脚步，映真也发现不对劲儿，提出质疑："我们来的时候没有走这么长时间。"

这时，远处隐隐约约传来向导的呼喊声，大胡子叔叔赶忙扯起嗓子大喊，可枝繁叶茂的林木挡住了声音的传播。不一会儿，向导的呼声也听不见了，周围除了小鸟的叫声外，只听得见四人的呼吸声。

"我们恐怕迷路了！"大胡子叔叔无奈地摊开双手。

孟加拉虎

孟加拉虎，又名印度虎，主要分布在孟加拉国和印度，是濒临绝种保育类野生动物。它的体型巨大，杏黄色的皮毛上有一条条黑色的条纹，腹部呈白色，头部的条纹分布较密，经常在夜间捕食。雄性孟加拉虎在所有虎亚种中体型仅次于西伯利亚的东北虎。

动物园和保护区中的孟加拉虎由于长期人工养殖或与人接触较多，一般比较温顺，但虎的野性仍在，属于大型危险动物，在参观时一定要小心。

第16章　与大胡子叔叔失散

吉米愣了一下，随即急得憋红了脸，自责地哭了起来："都是我不好！现在怎么办？我们怎么出去呢？"

"别哭了吉米，我们在入口有登记，保护区会派人来找我们的。"映真镇定地说。

"吉米，你以后不能再这么任性了。"大胡子叔叔对这个顽皮的侄子很头疼，在沙漠的迷路和这次迷路都和他脱不了关系，可看到吉米自责的样子，又不忍心过分地苛责他。于是，大胡子叔叔走过去拍了拍吉米的肩膀，说："事情发生了，我们就要思考解决的办法，哭能解决什么问题呢？快把眼泪擦干，小男子汉！"

吉米举起胳膊，用衣袖胡乱在脸上抹了两把，又绽开了笑容："对，我不哭了，在找到路之前，我们好好享受这次森林之旅吧！"

"如果碰到老虎……"花花怯生生地说。

"这是自然保护区，老虎见的人多了，一般比较温顺。咱们刚才见到的那只虎，还不是温顺得像猫一样！"吉米恢复了情绪，乐观地说。

大胡子叔叔检查了一下行李："现在我们把药品和食物分成四份，每人带上一份，以防万一。"

"孩子们，不要吃不认识的野果、色彩鲜艳的蘑菇，喝水只能喝流动的活水，记住了吗？"大胡子叔叔郑重地

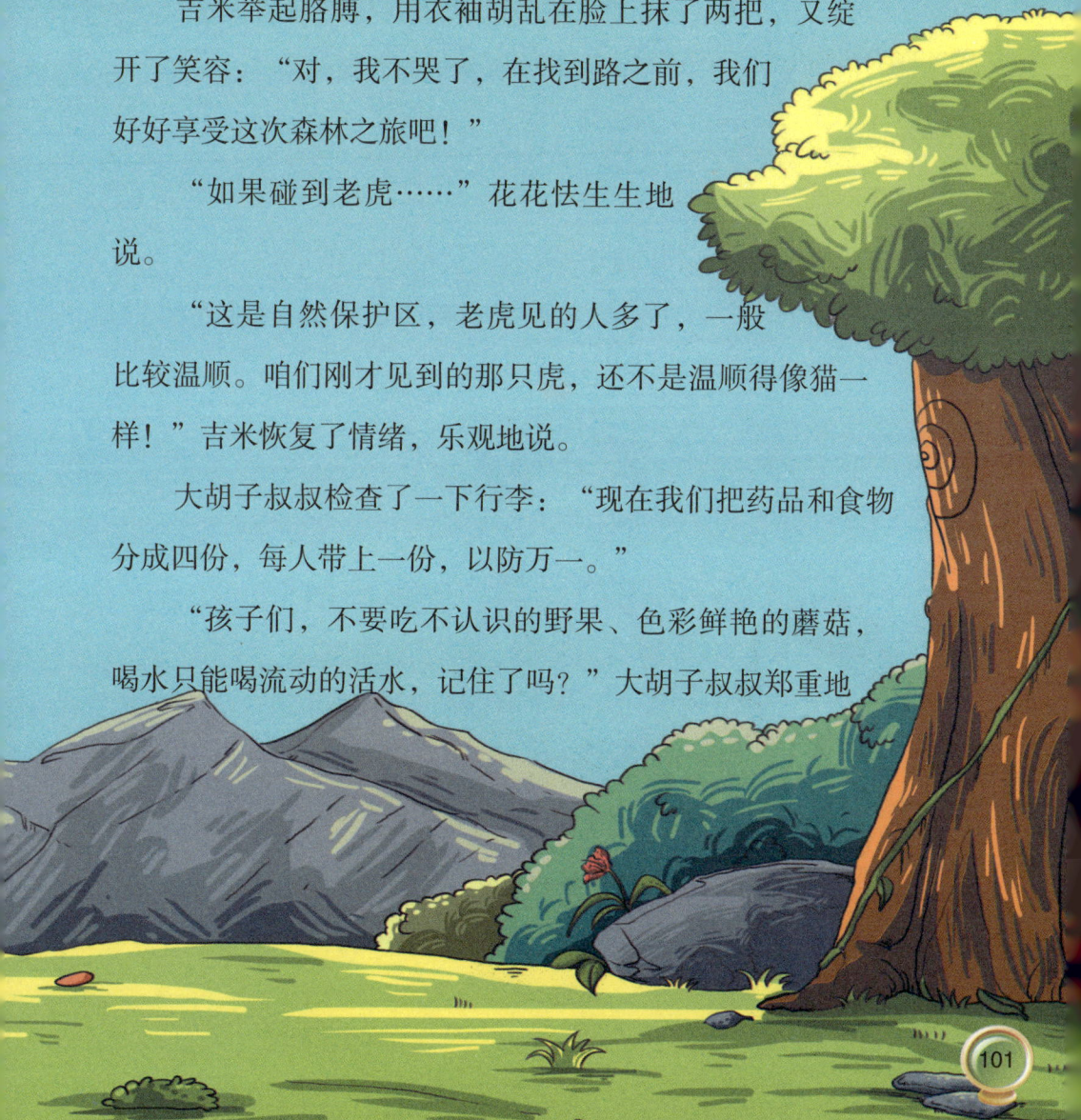

叮嘱。

"记住了！"映真和吉米紧张之余感觉非常兴奋，花花也接受了现实，逐渐放松了情绪。

清晨的森林，朝露尚未散去，郁郁葱葱的树木遮住大半个天空，阳光透过树叶的间隙斑驳地照在地面。突然，一只鸟儿叫起来，作为前奏，无数鸟儿叽叽喳喳地应和着，奏响了热闹的交响乐章。地面铺着一层厚厚的落叶，踩在上面软绵绵的，舒服极了。各种不知名的野花争相绽放，五彩缤纷。

"好漂亮的小鸟！"花花惊呼。一只浅蓝、黄棕和翠绿相间的小鸟飞落在他们面前的枝干上，伸着尖尖的嫩黄嘴儿，好奇地看着他们。

"它叫翠鸟，属于鸟类中佛法僧目，和犀鸟、蜂虎、翡翠等鸟统称为佛法僧。"大胡子叔叔认得这种鸟。

　　"好奇怪的名字，为什么叫佛法僧呢？"映真问。

　　"呵呵，这个问题问得好。"大胡子叔叔笑着说，"顾名思义，佛法僧目的鸟，由于叫声像日语'佛法僧'而得名。很神奇是不是？小鸟也会参禅拜佛。"

　　"嗯！"孩子们用力点点头，美丽的花朵、可爱的小鸟，以及骑大象时看到的温顺的孟加拉虎，让孩子们对森林的神秘感和迷路的恐惧感淡了许多，

他们感觉自己似乎只是在一个普通的公园里散步。

他们所处的这片区域有许多榕树，高大的树干上密布着附生植物，藤蔓如长蛇一般缠绕在枝干上。各种植物在热带雨林丰沛的雨水和阳光下茁壮成长，郁郁葱葱。一只斑鹿缓缓地踱了过来，看了他们一眼，又踱入丛林深处。

"这是谁的蛋？"花花在一棵大树下蹲下来，从草窝里捧出两枚鹅蛋大小的蛋。

大胡子叔叔接过来仔细端详，发现这种"鹅蛋"外形像洋芋，蛋壳软软的。他皱着眉头努力搜索关于这个蛋的知识，脑中灵光一闪，他快速把蛋放回原地，严肃地对孩子们说："不好，我们赶快离开这里！"

"为什么呀？"吉米话音刚落，只见附近的榕树剧烈摇晃起来，一些小型动物如松鼠、翠鸟飞快地四散奔逃、飞走。

"快走，快走！"大胡子叔叔催促着孩子们，警惕地拾起一根手指粗的树枝，倒退行走，防御后面。

"呼啦"一声，一条大蟒蛇从榕树茂密的枝叶中探出头来。这是一条成年大蟒蛇，腰如水桶，头似簸箕，三角形的蛇头上，一对明亮的大眼睛散发出幽幽的绿光。它四下一看，锁定了目标，快速冲大胡子叔叔游走过来。原来，花花发现的是蟒蛇蛋，蟒蛇是一种警觉性很高的动物，它发现自己的蛋被人动过，就会展开攻击。

"不要回头，映真，带着吉米和花花走！"

大胡子叔叔生怕孩子们看见大蟒蛇就吓得走不动了，大声嘱托沉稳的映真，"我把它引开，一会儿就去找你们！"

走在最后准备接应大胡子叔叔的映真把这一切都看在了眼里。他火速在脑海中权衡一下，知道大胡子叔叔让他们离开是最好的选择，这样，旅行经验丰富的大胡子叔叔还有机会和蟒蛇周旋逃生，如果带上他们三个，就不一定了。

于是，映真一咬牙，追上了吉米和花花："我们从这边走，大胡子叔叔马上到。"

三个孩子跑到一处略微空阔的地带，映真看到树上有长臂猿和松鼠的身影，松了一口气，这表明附近没有大型动物，便招呼吉米和花花停了下来。

"大胡子叔叔呢，怎么还没有过来啊？映真，你在最后面，你看见刚才是什么东西了吗？"吉米着急地向来路张望，想要回去找大胡子叔叔。映真拉住了吉米："大胡子叔叔可能走到别的路上去了，刚才……是一条大蟒蛇，叔叔说要把它引开……"

"大胡子叔叔被蟒蛇吃了！"花花"哇"地一声大哭起来。

"不要乱说！"吉米听了也大吃一惊，但他和映真一样，对大胡子叔叔的智慧和体力充满信心，相信他不会败在一条蟒蛇手下的！

又等了许久，大胡子叔叔依然没有出现，孩子们突然意识到，他们和大胡子叔叔走散了！

第17章　　花花的"花猫"

　　"我们只能靠自己了！"映真宣布，"现在，我们三人要紧紧跟在一起，不可以再分散！直到跟大胡子叔叔相遇。"

　　"来，我们开始逛森林公园吧！"吉米把花花的背包背到自己身上，乐观地说。

花花被映真的镇定和吉米的乐观感染了，破涕为笑。

三个孩子手拉手往丛林深处走去，一路上都可以看到活泼的松鼠上蹿下跳，间或有一两只野兔"嗖"地钻入长草深处。走了一会儿，路逐渐开阔，一条小溪出现在丛林之间。

"大胡子叔叔说流动的活水可以喝，吉米，花花，你们等着，我去把水壶灌满。"映真说。

"我也去吧，花花在这边看行李。"吉米担心小溪里会冒出什么怪物。

"千万不要动哦，有事要大声叫。"映真叮嘱花花。他回头估量了一下小溪到这里的距离，确定无论发生什么情况都可以听见，才把行李堆在大树下。

花花坐在行李上，无聊地踢着腿。突然，有窸窸窣窣的声音从树后传来，花花聚精会神地听时，声音又没有了，隔了一会儿，又传出这种声音，似乎有人在树后行走。

"大胡子叔叔！"花花惊喜地叫，顾不得通知映真和吉米，跑到树后去看。

大树后依然是树，茂密的森林非常宁静，花花失望地低下头。正准备往回走时，她感觉有一个毛茸茸的东西在蹭她的腿，花花把长草拨开，一个黄乎乎的小动物冲她抬起头。

"哇，小花猫！"花花赶紧抱起它。小花猫胖乎乎的，黄黄的小脑袋，眼睛下面各有一道黑线延伸到嘴角，像一道眼

泪。身上分布着浅黑色实心斑点，尾巴上有一圈一圈的条纹，尾端为全白色，体毛油光锃亮。它看了花花一眼，亲昵地把脑袋埋进花花怀里。

"花花，你在哪里？！"吉米和映真焦急的叫声传了过来。

花花赶紧跑回原地。

吉米和映真已经打好水，回来没见到花花，大吃一惊，现在看到花花安然无恙地出现，齐齐松了口气。

"花花，你又捡了什么？"映真看见花花抱着一个毛茸茸的东西，吓坏了。有了蟒蛇蛋的经历，他都快成惊弓之鸟了。

"看，可爱的小花猫！"花花爱抚着小

猫，小猫也亲热地用头蹭着花花。

"猫？"吉米使劲拍拍额头，发出一声惨叫，"怎么可能是猫？花花，这是森林耶！我看它不是豹崽，就是虎崽！"

"快把它放回去！"映真很紧张。

"不要！"花花抱紧小猫，"它好小，会饿死的！再说，它明明就是一只猫嘛！"

小猫似乎能听懂孩子们的话，紧紧依偎着花花，一动不动。

映真和吉米没有办法，凑了过来，吉米试探性地用手要去摸小猫的脸，小猫敏捷地一口叼住吉米的手指，不停地吮吸。

孩子们都笑了，它饿了！

映真把牛奶倒在手心里，花猫从花花怀里敏捷地跳下来，津津有味地舔了起来。

"黄毛，黑斑点，还有两条泪腺，嗯，我在书上看过，它是一只小印度豹！"映真打量着这个小家伙，肯定地说。

"就算它是豹子，也是一只和妈妈失散的小豹子！"花花强调，"但是，我还是觉得它是一只小花猫。"

孩子们都喜欢上了这个小家伙，决定带着它前进，于是，三人一"猫"向前走去。

印度豹

印度豹是猎豹的一种，在豹类动物中体型偏小，不仔细观察的话，很容易像花花一样，把它误认为一只身材稍大的猫。印度豹的奔跑速度可达近100千米/小时，与其他豹类相比，印度豹的嘴部并不突出，小而精致，口鼻两侧有两条明显的黑色线状斑纹，像是挂在脸颊上的眼泪。不同于花豹如花朵状的空心圆和美洲豹里面有一个小圆点的空心圆，印度豹黄色皮毛上的黑色斑点是实心圆。印度豹脾性比较温和，没有一口咬穿猎物脖子的本领，也不攻击人类，在食肉动物里，是相对比较弱小的种类。

第18章　眼镜王蛇在集会

走着走着，孩子们感觉地势不断升高，林木逐渐稀疏起来。

"我们这是在哪里啊？"花花搂紧"小猫"，有点害怕。

"看起来我们在往东走。"这时已近黄昏，映真抬头看看太阳的位置，估计着说。

前方出现一片空地，空地的中央有一块大石，方方正正的，像一个小凳子。

"我累了，我要去那里休息一下。"花花高兴地跑过去。

映真一把拉住花花，竖起手指，做

出"嘘——"的手势："你们看！"。

吉米和花花仔细看去，没有一丝风，大石周围的草丛却不停颤动，不时传来窸窸窣窣的声音。

"蛇！好多蛇！"吉米惊叫。

映真赶紧捂住吉米的嘴："不要叫，蛇的视力很差，只要不惊动它们，它们是不会发现我们的。"

"要乖哦。"花花强忍住毛骨悚然的感觉，拍拍怀里的"小猫"。

三个孩子屏住呼吸，又好奇又害怕地站在原地不敢动。

只见大石周围方圆几米的地方，不知有多少蛇蜿蜒游动，无数红信子伸来缩去，嘶嘶有声。仔细看去，这些蛇的颜色不一，但无一例外地长着椭圆形的头部，头部顶

鳞后有一对大枕鳞，颈部两侧宽且扁平，像带了一个风帽，让人望而生畏。

　　"这是眼镜王蛇，世界上最凶猛、毒性最大的蛇，我们慢慢后退，千万不要发出声音。"映真小心地叮嘱吉米和花花。

　　孩子们正想有所动作，突然，蛇群不约而同地直立起半个身子，颈部膨胀起来，发出"呼呼"的声音。见状，吉米第一个念头就是：完了，我们被发现了！手心顿时冒出冷汗。

　　映真使劲握了握吉米的手以示安慰，向蛇群呶呶嘴。吉米这才看清，蛇群都冲着中间那块大石嘶鸣，一条遍体金黄的眼镜王蛇越过蛇群，缓缓地游上大石，高高昂起的头四下转动，姿态

高傲得像是一位睥睨天下的帝王！

"这似乎是蛇王哦，蛇群都在向它参拜呢！"花花惊奇地说。同时，孩子们手拉手，慢慢向后退去。

退着退着，吉米碰到了一个软绵绵、热乎乎的东西，回头一看，两张和花花怀里的"花猫"一模一样的面孔正炯炯有神地盯着它，是一公一母两只成年印度豹！

"啊——"吉米再也忍不住心中的恐惧，大声尖叫起来。

这声尖叫惊动了聚会中的眼镜王蛇，它们一致转身，对着映真他们，蛇头高昂，蠢蠢欲动。

"我的上帝！"一向镇定的映真也慌了，前有眼镜王蛇，后有印度豹，他大脑飞快转动，却想不出任何一种办法可以脱险！

花花并不怕印度豹，她依依不舍地亲亲怀中的小"花猫"，对印度豹说："这是你们的孩子，对吗？"小"花猫"见了印度豹，欢快地跑过去，依偎在母豹身边，呜呜地叫着，像是告诉妈妈它的经历。母豹怜爱地舔舔小豹，冲花花转了转脑袋。花花不明白它的意思，站着不动，它又一次转了转脑袋，弯起前爪指了指自己的后背。

　　这时，眼镜王蛇发出的"呼呼"声更大了，映真感觉印度豹对他们没有恶意，当机立断，指挥起来："花花，吉米，你们骑上母豹的后背，我骑公豹，咱们快离开这里！"

　　三人刚刚骑上豹背坐好，眼镜王蛇们就行动了，冲着他们直蹿过来。公豹叼起小豹，和母豹稳稳地向森林深处跑去，把眼镜王蛇远远地甩在后面。三个孩子紧紧地伏在豹背上，眼看周围景物飞快地向后退去，刺激极了！

印度豹一直跑到一个山洞外才停了下来。

"谢谢哦！"花花跳下豹背，感激地摩挲着印度豹的脑袋，也许是因为孩子们对小豹的友好，两只印度豹对他们非常友善。

天色暗了下来，山洞里还算暖和，孩子们和小豹在山洞里玩耍。孩子们随便吃了点饼干充饥，花花还拿出饼干、巧克力给小豹吃，小豹非常高兴，呜呜地围着花花转圈。

"花花，多亏你的'花猫'呢！"吉米靠在洞壁上，舒适地伸开腿。

"应该说，幸亏花花善良。"映真笑着说。

累了一天的孩子们靠在一起，很快进入了梦乡，两只大豹慵懒地躺在洞口，像是给他们充当门卫。

晨曦乍起，经过一晚的休息，孩子们恢复了体力，准备启程了。

"谢谢你们的招待，再见！"孩子们和印度豹挥手告别，印度豹一家三口站在洞口，默默地目送他们。

向前走了一段，忽然听见"孩子们，终于找到你们了！"大胡子叔叔兴奋地说。

吃蛇的蛇

在中国的福建、广东等南方省份及东南亚和印度的森林里，经常会看到一种美丽的蛇，它的身子呈灰黄或灰绿色，有黑斑；最有特点的是它的颈部，又大又扁，从前面看像穿了一件立领小风衣；它的体型健硕，性情暴躁凶猛，会主动攻击人畜，它就是眼镜王蛇。在眼镜王蛇的领地内，很难见到其他蛇类，因为眼镜王蛇的主要食物就是它的同类：蛇！眼镜王蛇的嘴里有尖尖的毒牙，毒牙下面藏有毒液，一旦咬住猎物，毒液会通过毒牙迅速注入猎物体内！它的毒液量大，毒性猛烈，一次喷出的毒液可以杀死一头成年亚洲象，是世界上最危险的蛇类。

第19章　印度再见

从西高止山出来，大胡子叔叔宣布他们的印度之旅结束了！

他们将在孟买机场乘坐下午六点的飞机飞回北京。

"哦——"孩子们意犹未尽地拖着长音，经常外出旅行的他们早已习惯和不同的地方说再见。

　　登机时间很快到了，孩子们恋恋不舍地回头告别这个神秘又神奇的国度，走进登机口。

　　"孩子们，你们觉得印度是个什么样的国家呢？"每段旅行结束时，大胡子叔叔都会问孩子们这个问题，让他们总结自己的旅程感受。

　　"神秘，美丽，处处充满了不可思议。"吉米想了想说。

"我觉得印度是一个特别自由的国家，人很自由，动物也很自由，他们过得特别满足。"映真郑重地说。

　　"是不是到西天都要经历九九八十一难呀？"花花想了好久才冒出这么一句。

　　大家都笑了起来。

　　飞机起飞了，从舷窗向下看，点点灯火显示着孟买的繁华。

　　"印度，再见。"孩子们在心底默默地说。